AF250593

L'OCTROI

de

LA VILLE DE SAUMUR

PAR

Charles DELAUNAY.

SAUMUR,

IMPRIMERIE DE ROLAND, PLACE DE LA BILANGE.

—

AVANT-PROPOS.

Si les procès-verbaux des délibérations du Conseil Municipal de Saumur étaient publiés dans les journaux de la localité, comme cela se pratique dans un grand nombre de villes; nous n'aurions point aujourd'hui à rechercher personnellement la publicité.

Le Conseil Municipal est un conseil de surveillance, moralement responsable des actes qui s'accomplissent pendant la durée de son mandat;

Et, il ne peut échapper à cette responsabilité, qu'en faisant connaître aux citoyens qui l'ont nommé, non seulement ce qu'il fait, mais encore ce qu'il voudrait faire.

Le Conseil Municipal de Saumur a voté la publicité du compte-rendu de ses séances; ce vote est resté sans effet.....

Pourquoi?.....

CH. DELAUNAY.

Février 1867.

L'OCTROI

DE LA VILLE DE SAUMUR.

Le 20 décembre 1866, nous adressions à M. le Maire, pour qu'elle fût portée à l'ordre du jour de la séance du 22, la proposition suivante :

« Le prix des denrées alimentaires s'élevant, chaque
» jour, dans des proportions inquiétantes, et considérant
» l'impôt de l'octroi comme une charge trop lourde
» pour certains objets de première nécessité, nous
» demandons qu'une commission soit nommée pour
» étudier un système d'impôt communal pouvant rem-
» placer l'impôt de l'octroi de la ville de Saumur. »

Cette proposition, dans la séance du conseil du 2 février, fut rejetée par 13 voix contre 8. Deux membres se sont abstenus.

En présence d'un mal grave, la cherté des vivres, nous avions pensé qu'une demande ayant pour but de provoquer l'étude des moyens qui pourraient atténuer ce mal, serait favorablement accueillie.

Depuis vingt-cinq ans nous assistons à une révolution économique considérable.

L'établissement des chemins de fer, en rapprochant les distances, a donné au commerce d'exportation de nos produits agricoles un très grand développement.

Des contrées moins favorisées que les nôtres, viennent aujourd'hui nous demander ce qu'elles n'ont pas chez elles ; de là cette hausse toujours croissante des objets d'alimentation.

Les municipalités doivent-elles rester indifférentes à cette transformation ?

Nous ne le pensons pas.

Si une révolution économique se produit, elle entraîne naturellement l'ancien ordre de choses et appelle la réforme.

Si tout marche autour de nous, nous ne pouvons rester stationnaires.

L'abolition de l'octroi est la conséquence rigoureuse du nouveau régime commercial inauguré en France, il y a quelques années.

*
* *

Que l'on impose une maison, un champ, cela se comprend : la maison et le champ représentent une valeur qui profite au propriétaire.

Mais imposer la viande de boucherie, c'est-à-dire l'aliment, après le pain, le plus indispensable à l'homme ;

Imposer le bois de chauffage, si utile et déjà si cher, cela ne se comprend plus.

Vous frappez d'un droit une denrée d'impérieuse nécessité, et tous les articles de fantaisie et de luxe qui passent à vos barrières sont admis en franchise.

La contradiction est frappante.

*
* *

L'impôt de l'octroi peut-il influer sur le prix des

denrées et nuire à l'approvisionnement de notre marché?

La réponse ne peut-être douteuse; nous avons cité au conseil municipal un exemple qui nous semble décisif.

Depuis cinq ans environ, un marchand boucher livre aux consommateurs, en dehors de la porte d'octroi de la route de Tours, à 40 centimes le demi kilogramme, la viande que les habitants paient dans l'intérieur de la ville 70 centimes.

Supprimez l'impôt sur la viande qu'arrivera-t-il?

Ce ne sera plus hors barrière que cet industriel exercera son commerce; c'est au centre même de Saumur qu'il viendra vendre sa marchandise, et établir, par ce fait, une concurrence salutaire, dont toute la population profitera.

Objectera-t-on qu'avec un écart de 30 centimes par demi-kilogramme ce marchand ne pourra faire ses affaires? la réponse est facile. Il y a cinq ans que la chose existe, et ce qui se passe à la barrière de Tours se passe aujourd'hui à la barrière de Nantilly.

L'impôt sur la viande, à quelque point de vue qu'on l'envisage, est une chose fâcheuse qui doit préoccuper l'administration.

La taxe de l'octroi est-elle établie sur des bases équitables?

Un tonneau de vin de Bordeaux valant 500 francs et un tonneau de vin *d'abondance* valant 25 francs, paient à la commune un *droit uniforme*.

Cet exemple n'a pas besoin de commentaires.

La question de l'octroi n'est plus aujourd'hui une question isolée, elle est à l'ordre du jour dans les villes les plus importantes de France.

Les conseils municipaux du Hàvre et de Saint-Etienne ont voté la suppression de cet impôt;

Le conseil général du département du Nord a émis un vœu favorable dans le même sens, etc., etc.;

Les ouvriers de Lyon, dans une pétition récemment adressée à l'Empereur, demandent avec instance l'abolition de cette taxe; et le gouvernement, lui-même, est vivement préoccupé de la question.

La société d'économie politique de Paris, dans sa réunion mensuelle du 5 janvier 1867, condamnait à la majorité absolue de ses membres, le principe des octrois.

Elle constatait, en outre, que presque toutes les dépositions recueillies dans la récente enquête agricole, réclament la suppression des octrois.

Les campagnes disent avec raison:

Lorsque nous allons dans les villes chercher des marchandises, nous ne leur faisons pas supporter des droits de douane à l'entrée de nos villages;

Pourquoi frapper à vos portes les produits que nous vous envoyons?

Vous nous portez un double préjudice: celui de faire hausser nos produits, ce qui est contraire aux intérêts des consommateurs et sans profit pour nous, et vous entravez la libre circulation.

Et, en effet, le mode de perception de cet impôt suffirait seul pour motiver la réforme. Si un voiturier arrive à une porte d'octroi à 10 heures 15 minutes du soir, avec une marchandise tarifée, il faut qu'il attende jusqu'au matin l'ouverture du bureau.

Le droit de circulation est donc réellement compromis.

En outre, la visite sur les personnes, autorisée par le règlement, est une véritable inquisition attentatoire à la dignité individuelle.

L'an dernier, M. le Maire, en sa qualité de député de Saumur, exprimait à l'assemblée législative une opinion que nous résumerons en quelques mots.

« L'impôt de l'octroi, disait notre honorable député,
> est, comme tous les impôts indirects, préférable à
> l'impôt direct.
> Il est préférable en ce sens que le contribuable ne
> le voit pas, ne le sent pas; il le paie au moment où le
> désir de la consommation se fait sentir..... il n'a pas
> le caractère de l'impôt direct qui s'affirme par le
> bordereau........ »

Cette argumentation est, selon nous, une véritable hérésie économique.

Il y a peu de pays où l'impôt direct se paie plus régulièrement qu'en France; en soutenant la thèse contraire, c'est méconnaître le patriotisme des contribuables.

Il fut un temps, sans doute, où, pour percevoir les droits du seigneur, la dîme, la taille, etc., etc., l'artifice était nécessaire; mais ce temps est passé, et le temps passé ne reviendra pas.

Pour répondre à l'argumentation de notre député, nous citerons l'opinion personnelle de M. le comte Arrivabene, sénateur du royaume d'Italie, opinion exprimée à son retour de Belgique, où il venait de faire, assisté des ministres Belges, une étude approfondie de l'abolition des octrois.

« Mais, dit M. Arrivabene, ces impôts (les impôts de
> l'octroi) sont productifs, et, grâce à leur forme indi-
> recte, ils ne sont pas remarqués. Les gens qui forment
» la grande masse des consommateurs ne s'aperçoivent
» pas de l'artifice, et les administrations, au moyen de
» cette espèce de *chloroforme économique*, dépouillant
» les victimes sans les faire crier, ont la faculté de
» ramasser de l'argent et peuvent se lancer dans des
» dépenses extravagantes et improductives. »

On ne saurait mieux dire ni dire plus juste. M. le comte Arrivabene constate l'immense succès de la réforme de l'octroi en Belgique, réforme qui selon lui assurera un nom durable et les bénédictions populaires à l'homme d'Etat qui l'a entreprise et conduite à bonne fin. (1)

Peut-on remplacer l'impôt de l'octroi?

Nous sommes arrivé au point le plus délicat de la question.

Personne, généralement, ne conteste les défectuosités de cet impôt; mais, quand il s'agit d'examiner les moyens à l'aide desquels on pourrait le remplacer, les avis sont diversement partagés.

L'octroi a été établi par les municipalités pour subvenir aux besoins des villes.

Le produit de cet impôt est donc exclusivement communal.

Nous n'avons point à examiner ici la part contributive que l'Etat devrait apporter aux villes qui supprimeraient leurs octrois; si nous voulons sérieusement la réforme, il faut que l'initiative de cette réforme parte des communes.

L'impôt de l'octroi produit un revenu net de 160,000 fr.; en admettant pour un instant que cet impôt n'existe plus, comment pourrait-on le remplacer?

Si la situation financière de la ville de Saumur

(1) Cette opinion de M. Arrivabene est citée dans une excellente étude (l'abolition des octrois), que nous devons à la plume de M. le docteur Guillet-Charbonneau, de Cholet.

M. Guillet, ancien élève de l'Ecole Polytechnique, est allié à une honorable famille de notre ville.

était libre, sa dette moins lourde, son avenir moins engagé;

Si nous avions des halles, un marché couvert, une distribution d'eau, un pavage suffisamment en état;

Si nos établissements scolaires étaient complétés, par la fondation d'une école laïque et gratuite de filles, et la reconstruction du collége;

Si, enfin, des embranchements de chemin de fer reliaient Saumur, du côté sud, à la ligne de la Vendée, et du côté nord, à la ligne du Mans, la solution du problème que nous venons de poser n'offrirait pas de sérieuses difficultés.

Cette situation n'étant pas la nôtre, il faut, en supprimant l'octroi, le remplacer immédiatement par un autre impôt.

Nous allons essayer de nous faire comprendre.

Saumur compte 3,600 électeurs.

Sous le régime du suffrage universel, qui est un régime essentiellement démocratique, tous les électeurs doivent participer aux dépenses de la commune.

S'il est juste que tous les électeurs participent aux dépenses de la commune, il est également juste que cette participation soit en rapport avec les ressources de chacun.

L'impôt de l'octroi rapporte 160,000 fr. Si je divise cette somme entre 3,600 électeurs, j'obtiens une moyenne de 44 fr. pour chaque contribuable.

Mais reconnaissons-le, cette somme serait beaucoup trop forte pour certains, et, par contre, beaucoup trop faible pour certains autres.

Pour établir une répartition équitable, nous procédons en employant une classification analogue à celle adoptée pour l'impôt des patentes; soit:

IMPOT COMMUNAL.

TABLEAUX A B C D.

Entre l'impôt de la patente et l'impôt direct, tel que nous le comprenons, l'identité est complète.

Ce qui est possible pour l'un, ne peut-être impossible pour l'autre. Nous trouvons dans la cote personnelle-mobilière la même analogie.

Sur quelles bases repose l'assiette de l'impôt des patentes ? Sur un droit fixe établi par *appréciation* de l'importance *présumée* du commerce du contribuable ; plus, sur un droit proportionnel calculé sur la valeur locative. En un mot la division des impôts de la patente et de la cote-mobilière est l'œuvre de MM. les répartiteurs.

Pour l'impôt communal, le classement se ferait en opérant de la même manière, mais avec des données plus certaines ; et nous sommes convaincu que la part modérée attribuée à chacun ne susciterait aucun mécontentement (1).

. .
.

Si toutes médailles étaient sans revers, il suffirait de frapper les quatre contributions dans une proportion suffisante, et l'impôt communal serait trouvé.

Cette répartition ne serait pas équitable : celui qui possède sa fortune en numéraire échappe à l'impôt ; en frappant les quatre contributions, vous frapperiez toujours les mêmes contribuables.

A tout sytème il faut une base, et cette base, pour nous, c'est l'électeur ;

En dehors de l'électeur, il y a des personnes qui devraient supporter l'impôt ; notre exposé étant sommaire, nous ne pouvons entrer dans les questions de détail.

(1) Si les 3,600 électeurs de Saumur étaient assujettis au droit de la patente, le classement serait-il possible ? Oui... Il ne pourrait en être autrement pour l'impôt communal ; la preuve du contraire nous semble impossible....

Nous tenons ici à préciser un fait.

En appelant l'attention du conseil sur l'influence fâcheuse que pouvait exercer l'impôt de l'octroi sur le prix des objets de première nécessité, nous n'avons jamais eu l'ambitieuse prétention de faire prévaloir nos idées.

Il ne s'agissait ni de notre personne, ni de notre système ; il s'agissait d'une question d'intérêt général.

Nous demandions une étude, étude faite avec le concours de la population entière, et c'est alors, qu'éclairé par les avis de tous, le conseil municipal pourrait efficacement répondre aux besoins de nos concitoyens.

Quelques détails sont indispensables pour édifier ceux qui voudront bien nous lire.

Si l'on veut prendre en considération que la moyenne à payer pour l'impôt communal serait de 44 fr., on comprendra que le classement se ferait sans la moindre difficulté.

Que veulent tous les citoyens ? La prospérité de la ville, c'est-à-dire, le développement du travail de toute nature, du commerce, de l'industrie, etc., etc ;

Le développement en outre du bien-être dans toutes les classes, en allégeant les charges des faibles, tout en ménageant les charges des plus forts.

Il y a quelques années, le système du libre-échange a été mis en pratique entre la France et plusieurs pays circonvoisins ; quel est aujourd'hui le résultat constaté par les statistiques officielles ?

Une augmentation sensible dans notre production nationale, une augmentation considérable dans notre commerce international, le tout profitant à la masse des consommateurs qui paient moins cher les objets de toute provenance.

Entre l'infiniment grand et l'infiniment petit, il y a toujours un point de comparaison; c'est ce qui nous fait dire qu'il y aurait contradiction à maintenir à la porte de nos villes, ce que nous détruisons aux frontières de notre pays.

Nous croyons, sans entrer dans le rêve des chimères, pouvoir dire que l'impôt direct, substitué à l'impôt indirect, ne coûterait rien, où à peu près rien, au contribuable qui donnerait d'une main pour recevoir de l'autre main.

Nous avons signalé, il y a un instant, la différence de prix existant entre la viande de boucherie vendue en deçà et au-delà de la barrière; cette différence est de 30 centimes par demi-kilogramme.

Supposant l'impôt sur la viande supprimé, et nous renfermant dans les limites d'une appréciation, même défavorable, nous croyons pouvoir assurer que la viande subirait une réduction de prix qui ne serait pas inférieure à 10 centimes par demi-kilogramme.

Comme il est reconnu qu'au point de vue de l'hygiène, une famille composée de quatre personnes ne devrait pas consommer moins de 500 grammes de viande par jour, il s'en suit que la suppression de la taxe ayant amené une baisse de 10 centimes, et cette famille consommant un demi-kilogramme de viande, économisera chaque jour 10 centimes, soit 36 francs par année.

Si nous classons cette famille à la moyenne de l'impôt qui est de 44 francs et que nous ajoutions aux 36 francs d'épargne réalisés sur la viande ce qu'elle aurait dû payer à l'octroi pour le vin, le bois, le charbon, la bougie, etc, etc, etc., il arrivera ceci :

Ce ne sera plus le contribuable qui paiera l'impôt, c'est l'impôt qui paiera le contribuable.

Il y a vingt-cinq ans, la viande de boucherie se vendait, à Saumur, au cours moyen de 40 centimes le demi-kilogramme.

Aujourd'hui, ce prix varie entre 70 et 75 centimes.

Peut-on considérer ce prix de 75 centimes comme un maximum qui ne sera pas dépassé?

Malheureusement, on ne saurait répondre d'une manière affirmative.

En supprimant l'impôt sur la viande et quel que soit le résultat de l'épreuve, on aura toujours la satisfaction que procure le devoir accompli. (1)

Nous avons dit : la taxe moyenne de 44 francs serait trop forte pour les uns et trop faible pour les autres.... Nous croirions faire injure à ceux de nos concitoyens qui possèdent la fortune ou l'aisance, en supposant qu'ils fussent opposés à un système qui, en apparence, semblerait plus directement les atteindre.

En substituant l'impôt direct à l'impôt indirect, il y aurait bénéfice pour tous sans désavantage pour personne.

L'impôt direct ferait, le jour de sa mise en pratique, profiter les contribuables d'une somme ronde de 36,000 francs, dépensée annuellement pour les frais de perception de l'octroi.

Cette somme, arrivant en compensation dans la répartition de chaque classe, ferait de la taxe communale une charge insensible pour la bourse des particuliers.

(1) La compagnie du chemin de fer d'Orléans a récemment accordé une augmentation temporaire de traitement aux employés les moins rétribués de son administration, à cause de la *cherté générale des objets nécessaires à la vie.*

Le compagnie du chemin de Lyon vient d'imiter cet exemple.

Sous le régime actuel, le contribuable qui possède une fortune indépendante, paie à l'octroi de Saumur pour les objets suivants :

« Vin, bière, cidre, vinaigre, liqueurs, alcool, viande de boucherie, bois de chauffage, fourrages, avoine, charbon de bois, bougie, huiles alimentaires, une somme annuelle de 210 fr. (1). »

Ce même contribuable (moyenne établie entre cinquante coutribuables) habite un immeuble qui lui a coûté 35,000 fr.

Le droit d'octroi qui frappe les matériaux de construction (2) a augmenté cet immeuble de 3,500 fr.

La statistique prouvera, en outre, que la possession d'une maison par son propriétaire est, durée moyenne, de vingt-cinq ans. Ce propriétaire aura donc été privé pendant vingt-cinq ans d'une somme de 3,500 francs qui, intérêts calculés à 4 0|0, aurait doublé pendant cette période d'années.

C'est donc en réalité 7,000 fr. que cet habitant aura versé à l'octroi pendant vingt-cinq ans : soit 280 fr. par année ; ajoutez à cette somme les 210 francs déboursés pour le droit perçu sur les denrées alimentaires, vous obtenez un total de 490 francs que ce propriétaire aura payés annuellement, et pendant vingt-cinq ans, à l'octroi de la ville de Saumur.

Si le tableau n° A de l'impôt direct communal exigeait un chiffre aussi élevé, cent contribuables seulement couvriraient le tiers de l'impôt.

Nous insistons sur ce point.

Le jour où l'octroi sera aboli, la ville héritera d'une

(1) La nourriture du cheval de luxe rapporte à l'octroi 36 à 40 fr. ; cette somme s'élève à 54 fr. pour le cheval de travail.

(2) Bois de charpente et de travail, plâtre, pierres, chaux, briques, tuiles, carreaux.

rente annuelle de 36,000 fr. dépensée pour la perception de cet impôt.

Ce point, croyons-nous, mérite une sérieuse considération.

Un dernier mot :

L'impôt sur la viande de boucherie peut-il être maintenu ?

Nous ne le croyons pas.

Supprimez cet impôt, tout en maintenant votre octroi.

Expérimentez l'impôt direct ; demandez - lui les 60,000 fr. que vous retirera l'abolition de la taxe sur la viande ; et, l'expérience faite, ce n'est pas nous qui vous dirons : Supprimez l'octroi.

C'est vous qui nous direz :

« Nous ne voulons plus de l'octroi. »

CHARLES DELAUNAY.

Février 1867.

Notre modeste étude était sous presse, lorsque nous est parvenue la communication suivante :

« Les habitants de la ville d'Auch, dans le courant de
» 1866, adressèrent au conseil municipal une pétition,
» dans le but de demander la *suppression radicale des*
» *octrois.*

» Le conseil prit cette demande en *considération,* et

» fut *autorisé par l'administration supérieure* pour
» délibérer sur ce sujet.

» C'est dans la session présente que le conseil muni-
» cipal d'Auch va *étudier les moyens de remplacer cet
» impôt par un autre mieux réparti, pesant moins
» lourdement sur la classe peu aisée, et moins incom-
» patible avec le régime de la liberté commerciale.*

» La population d'Auch, *qui est unanime pour de-
» mander la suppression de l'octroi,* s'occupe avec une
» émotion naturelle du problème que sa représentation
» communale cherche à résoudre. »

Saumur, imp. Roland.